ACTE DE FOI.

LE PRESBYTÈRE ET L'ÉCOLE.

SCÈNE D'UN DRAME.

PAR M. MANSION,

MEMBRE DE LA SOCIÉTÉ D'ÉMULATION DES VOSGES
ET DE PLUSIEURS SOCIÉTÉS SAVANTES.

ACTE DE FOI.

LE PRESBYTÈRE ET L'ÉCOLE.

SCÈNE D'UN DRAME.

PAR M. MANSION,

MEMBRE DE LA SOCIÉTÉ D'ÉMULATION DES VOSGES ET DE PLUSIEURS SOCIÉTÉS SAVANTES.

ÉPINAL, IMPRIMERIE DE GLEY.

La Société d'Émulation ayant ordonné l'impression dans ses *Annales* des morceaux de poésie qu'on va lire, je crois devoir les faire précéder de quelques réflexions.

De tous les travaux de l'esprit, où le beau doit être infini pour que l'œuvre soit complète, c'est assurément ceux qui se formulent par le langage rithmé, vulgairement appelé poésie du nom de l'inspiration qui engendre. Aussi, plus qu'aucune production artistique, ils doivent, à force d'art, dissimuler l'art lui-même, découler comme de source et faire bon marché de tout ce qui sent la contrainte, la gêne et le boursoufflé. Le simple et le vrai, voilà le propre des ouvrages faits d'inspiration, sous l'influence d'une idée-mère. On les trouve aux différentes époques des grandes synthèses littéraires, qui suivent ou qui précèdent toujours les grandes époques morales, politiques ou religieuses. Ces ouvrages, qui sont toujours les précurseurs ou la formule d'un progrès, sont rares. Ce qui se fait dans l'intervalle est inférieur, jusqu'à l'apparition d'une nouvelle époque ; seulement il y a des degrés dans l'infériorité même. C'est la conséquence d'une foule de faits dont la seule nomenclature serait une histoire complète du cœur humain, partant des sociétés, de l'humanité même, et c'est une tâche que nous né pouvons ni ne voulons entreprendre à propos de quelques vers d'une bien faible portée.

Touchons de suite au sujet qui nous préoccupe et disons : des vers qui ne sont que des vers sont loin d'être de la poésie ; l'emphase, l'ambition de style, la prétention, le mot impropre, les figures et les tours forcés qui, presque toujours, constituent le travail d'un rimeur et jamais celui d'un poëte, me paraissent, de toutes les mauvaises productions qui croient imiter l'art, les plus désagréablement ridicules, et si quelqu'un me demandait : tel écrivain est-il poëte ? et qu'il ne le fût pas, je ne saurais rien répondre de plus significatif que ces quatre paroles d'une ironie concluante : il fait des vers.

Faire des vers, à mon sens, est un bien petit mérite. Faire de la poésie, c'est-à-dire penser et formuler dignement ce qu'on pense, c'est le propre des organisations exceptionnelles ; les faiseurs de vers sont nombreux, il y a bien peu de poëtes.

De nos jours, s'écrie-t-on, on recherche peu les vers, et, pour me servir de la formule consacrée par quelques-uns, notre siècle aime peu la poésie. C'est que, prétendent les poëtes incompris, le siècle est essentiellement prosaïque, c'est-à-dire positif, pris en mauvaise part. Je pense que c'est bien plutôt parce que les écrits versifiés ne présentent réellement rien autre chose que des vers. Si quelqu'un, ajouterai-je, s'avisait d'avoir du génie, de faire de la poésie, fût-elle en vers, même alexandrins comme ceux de Corneille, j'ai la pensée que son œuvre serait recherchée et que le goût public prouverait qu'il n'est pas dans une sorte de prostration ou de barbarie.

De nos jours, la réputation des Chateaubriand et des Lamennais, qui sont poëtes tous deux quoique n'écrivant point en vers, parle assez haut en faveur du goût de l'époque pour la poésie. Vingt-cinq ans et plus après leur apparition dans le monde littéraire, les œuvres du premier, réimprimées tant de fois, ont été achetées par un nouvel éditeur pour un prix énorme. Les écrits morts-nés des Baour-Lormian, académiciens ou non, prouvent éloquemment contre les vers qui ne sont que des vers ; mais Béranger, mais Barthélemy et Mery, quelquefois Lamartine et Hugo le novateur, ont presque eu des autels, cela encore de nos jours, sous nos yeux ; pourtant ils ont écrit en vers.

C'est au positivisme, disent les faiseurs de vers incompris (et être incompris c'est n'être ni acheté ni lu) qu'est dû l'éloignement manifeste du public pour la poésie. Nous ne partageons pas le moins du monde les idées de ceux qui fulminent cette accusation ; nous avons établi une distinction entre les vers et la poésie, et maintenant nous sommes amenés à dire, sans restrictions, que l'instinct des masses qui repoussent les ouvrages en vers incompris a sa source dans un principe plus noble qu'on ne sait le voir, et que ce positivisme dont on accuse l'époque n'est point sans valeur quand il se plaint des arts et des artistes, fussent-ils les Lamartine, les Hugo et leurs œuvres., et bien plus quand ils ne sont que des mirmidons qui se galbent sur ces écrivains, impuissants qu'ils sont pour atteindre leurs beautés, tout en imitant leurs défauts.

Nous ne sommes plus au temps où les hommes croyaient impunément, au moins en apparence, avoir le droit de s'enivrer dans la contemplation d'eux-mêmes et des appétits de leurs sens, comme un oriental qui savoure sa fainéantise dans la fumée de l'opium ou du tabac. Les rêves aujourd'hui ne sont que des rêves et on ne les estime que ce qu'ils valent, n'est-ce pas une protestation éloquente contre les jouisseurs et les appétits égoïstes? On n'a plus besoin maintenant de courir à la recherche de la forme pour la forme seule, parce qu'elle existe suffisante à peu près pour toutes choses, mais il faut savoir rigoureusement l'approprier comme il convient; le problème est là. Une œuvre qui n'a que la forme est considérée comme une œuvre nulle. Ce qu'on demande et ce qu'on est en droit de demander positivement à quiconque est ou croit être artiste, c'est avant tout une pensée utile, qui soit sa part d'efforts dans l'œuvre sociale, et la première condition, pour un homme qui peut employer un crayon, un ciseau, ou telle forme que ce soit, la tribune, la chaire, la musique, la prose, les vers, c'est d'avoir un but, et de ne rien livrer à la publicité qui n'aît sa cause et sa fin, autrement dit son enseignement, sous peine d'être privé de l'estime des masses qui jugent impitoyablement et en dernier ressort. Or, nous n'appelons pas jugement et estime des masses, l'engouement passager des appétits dépravés d'une multitude égarée jusqu'au délire, comme en ces derniers temps, par les artistes eux-mêmes qui les ont fait naître et qui les ont excités, sans s'inquiéter,

> Les vulgaires rimeurs,
> Du pouvoir qu'ont les arts pour démolir les mœurs.

On a vu des hommes qui avaient acquis des richesses intellectuelles dont ils pouvaient se servir en vue du progrès, se renfermer dans leur moi exclusif, philosophes étroits à genoux devant les systèmes qu'ils avaient arrangés pour le plus de commodité de leurs passions, acceptant, maintenant le mal sorti de l'école dont ils s'étaient faits chefs; niant le bien qui venait de ceux qui n'étaient point leurs adeptes ou de leur école. Que d'artistes dans ces derniers temps qui, ne voulant pas donner pour le bien de la multitude, leurs talents et leurs veilles, auraient au moins dû s'abstenir de toute production, mais qui, au contraire, immoraux sans même être dominés par la passion, jetaient des tableaux impurs à la foule ! Méchants ! pourquoi donc sans nécessité, même pour vos propres appétits, apportiez-vous le mal et l'ignorance parmi le peuple et cela froidement, sans que l'ivresse même vous excusât? n'aviez-vous pas assez retardé l'avenir en ne mettant pas à profit les forces qui vous étaient données? n'aviez-vous pas assez scandalisé pour vous faire de l'or et ce qui lui ressemble? artistes dangereux et coupables, que ne vous contentiez-vous de vos joies personnelles au milieu d'une société si faible qu'elle vous les eût pardonnées; et pourquoi renouveliez - vous chaque jour vos infamies et la douleur du monde?

Il est des hommes qui sont doués d'une sensibilité si exquise et de certains organes si déliés, si complets, qu'ils trouvent dans eux-mêmes et dans ce qui se rapporte à eux seuls beaucoup de ce qu'il faut pour éveiller les sympathies de la foule, la dominer et identifier à leur moi tout ceux qui les approchent par le moindre contact. Pétrarque, ont dit ceux qui voulaient faire excuser leur amour pour eux-mêmes et jusqu'aux concessions les plus lâches qu'ils faisaient à leur individu, Pétrarque est plus connu par son amour pour Laure, Abaylard est plus populaire à cause d'Héloïse, que Pétrarque et Abaylard, hommes savants et utiles, ne l'ont été par leur génie dévoué à l'enseignement de la multitude, etc. Oh! c'est que ceux-là, par leur organisation exceptionnelle, sont devenus des types; on s'intéresse à ce qui intéresse leur personnalité, parce que cette personnalité est restée pour les uns un mythe, pour beaucoup un symbole. Mais qu'un homme vienne aujourd'hui chanter ses émotions personnelles, se dire Antony ou Richard d'Arlington, ou bien qu'il ajuste, comme M. de Lamartine et ses adeptes, des mots plus ou moins sonores pour satisfaire je ne sais quelle extase, quelle exaltation ; qu'il parle de lui, de ses émotions au point de vue de ses sens et de son individu isolé, sans qu'aucune pensée sociale, aucun enseignement pour la multitude n'en ressorte et serve au progrès : dût-il le faire en des mots pompeux comme les apologies ridicules que font de leur personne MM. nos écrivains du jour, ou en vers dignes de l'Odyssée d'Homère, je ne donnerais pas à l'œuvre de cet homme la moindre sympathie, parce que je suis du peuple, que j'ai ses instincts et ses inspirations, et que, dans ces conditions, j'éprouve comme lui le besoin de l'utilité avant tout sous quelque forme que ce soit.

La poésie, sous la formule d'écrits en vers, est appelée dans l'avenir comme elle l'a été dans le passé aux plus grandes destinées, parce qu'elle est essentiellement populaire. C'est une prédication puissante par sa forme, qui pénêtre et qui se transmet par la mémoire aux générations qui se succèdent. Lorsque Napoléon donnait un spectacle gratis, c'était Molière, c'était Corneille et le puissant acteur sous l'empire, Talma, le Roscius moderne, poëte aussi dans son grand art, qui faisaient les frais de la représentation. C'étaient aussi les plus beaux morceaux qui recevaient l'apothéose des mains calleuses du peuple, qui les battait bruyamment avec un discernement admirable des plus belles pensées, et par suite des plus beaux vers. Avant 1830, et encore depuis, les plus belles odes de Béranger se chantaient dans les ateliers, dans les casernes,

sur la place publique, de préférence aux chansons joyeuses,
si pleines de verve et d'anacréontisme, mais assurément
moins généreuses du même écrivain. On a laissé Lisette
pour la Liberté, *Madame Grégoire* pour *le Vieux Drapeau*,
et par suite et comme conséquence, en juillet, le cabaret
pour les rues dépavées. Au moyen-âge, la Bretagne, le
Languedoc, l'ouest, le midi de la France, etc., ont eu
des bardes, des troubadours, des trouvères, etc. Quels
sont les chants qui ont traversé les siècles et qui ont
survécu dans la mémoire du peuple? ce sont ceux dont
les récits retracent des actions grandes et faites en commun ou pour le salut commun, ceux où dominent un
principe soit religieux, soit politique, soit une prière
d'espérance pour un affranchissement ardemment désiré,
ou une imprécation contre les félons et les traîtres : enfin
une pensée de dévouement. Les chants égoïstes et sans
portée sont morts ; aussi le moyen-âge nous apparaît-il
grand et fort, révélateur et ouvrier tout ensemble de l'a-
venir. Le temps n'a pas conservé jusqu'à nous ce qui fut
égoïsme et faiblesse, la mémoire du peuple en a fait justice
en ne les retenant pas.

Ainsi ça été une condition expresse de leur existence,
imposée aux œuvres des poëtes ou artistes, que le but et
la pensée. Si donc, procédant au moyen d'une synthèse his-
torique, on veut connaître l'avenir par le passé, on peut
prédire aux hommes qui n'ont dans leurs œuvres aucun
but généreux une chûte complète, un oubli prochain sans
retour; et déjà, ils pourraient voir que l'éloignement dont
ils sont l'objet, et que leur prouvent les masses si intelli-

gentes et si justes, vient du peu de rapports qu'il y a entre leurs appétits, leurs œuvres, et les sympathies de la multitude, qui n'aime que ceux dont elle est aimée.

Le positivisme, ce fait caractéristique de l'époque, si étrangement défiguré et calomnié par ceux qui ne voient pas dans lui une éloquente protestation contre l'indolence, l'égoïsme et l'impuissance de produire, le positivisme, disons-nous, n'est pas la sécheresse d'âme, le défaut de sensibilité, l'absence d'un organe ou toute autre chûte, comme l'insinuent les écrivains incompris. Quand il s'agit d'œuvres d'art, le positif, c'est la conscience d'un but assigné à l'art lui-même. Il le cherche, il le demande à toute œuvre qui a une prétention artistique, et se détourne justement froissé quand il ne le trouve pas; il sait bien qu'en ce qui touche la forme au point de vue du bel esprit, tout a été fait, et que ce ne peut être que sous la protection et à la condition d'une idée généreuse progressive, qu'une forme renouvelée du passé, ou l'imitant de près ou de loin, peut être trouvée suffisante et estimable.

Il y a des hommes qui ont le sens rithmique très-développé. A défaut d'un criterium, d'une idée que leur a refusée le milieu où ils vivent dans la société, ou leur peu d'instruction, ou l'éducation fausse qu'ils ont reçue, ou encore les besoins étroits qu'ils se sont faits, ils se passionnent pour des mots qui ont une certaine mélodie par eux-mêmes; ils font abus de les réunir dans des phrases cadencées, et parce que, sans s'en douter, ils subissent l'influence de leur sonorité, qu'ils écoutent en les prononçant une musique, une cadence qui leur plaît, ils se figurent, les sensuels qu'ils sont, avoir fait de la poésie. Ils ne voient pas qu'ils n'ont fait que de l'extase, de l'enivrement, à la manière des hommes privés de leur raison par les vapeurs du vin.

En vertu des lois primitives du langage, les mots représentent des choses, des idées qui sont plus ou moins poétiques, et ces mots deviennent eux-mêmes une sorte de poésie. Le substantif est quelquefois à lui seul un poëme, un drame, une épopée. Si Dieu, l'univers, le monde, le déluge, le néant, l'éternité, représentent chacun une grande idée à l'esprit des hommes qui savent penser, de même, l'onde pure, le cristal des eaux, le ciel azuré, le vent frais, le gazon fleuri, sont, avec une foule d'autres formules semblables, des mots qui complètent tout le magasin poétique des faiseurs de vers ; l'affection qu'ils ont pour ces mots et ces formules révèle certainement chez eux l'émotion, mais elle est impuissante pour se manifester par un signe logique extérieur. Ce n'est pas même de la fumée, car la fumée révèle la présence du feu sous des matières combustibles palpables, et dans les arts, ce qui doit être rendu palpable, si je puis dire ainsi, c'est la pensée. Le bruit s'échappant d'une viole qu'on a heurtée révèle la sonorité de l'instrument et non pas la musique.

Je ne sais quel exalté s'était fait un recueil de tous les mots qui nomment les plus grands faits de la création, et qui les débitait tous en disant : ô lune, ô terre, ô soleil, ô feu, ô pluie, ô nuages, etc.; et qui s'écriait ensuite devant les visiteurs, étonnés des contractions de son visage et de l'incohérence de ses exclamations : vous m'admirez, n'est-ce pas, parce que vous voyez bien que je suis un poëte ! Peut - être cet homme voyait - il une lune, un monde tout particuliers, qui plaisaient à ses sens et étaient une poésie pour lui, mais sans résultat pour les autres. Il avait peut-être l'instinct de l'exaltation, mais il n'avait ni la force, ni la pensée ; il était fou, et un véritable poëte n'est point fou : c'est au contraire l'homme à la puissante raison, quoiqu'on ait pu dire de la raison ; c'est l'homme de génie.

Ce qui fait qu'on se laisse séduire par des mots sonores et qu'on gratifie du beau titre de poëte ceux qui les prodiguent dans leurs écrits, le plus souvent vides de sens, c'est qu'on a l'instinct plus ou moins développé de la poésie des grandes choses, et que le nom propre qui en rappelle l'idée éveille en nous des émotions ; la mémoire est une muse si puissante ! et nous attribuons, sans nous en douter, notre propre poésie, ou mieux notre sentiment, notre appréciation au point de vue de nos idées, à tel ou tel qui voit le milieu où nous les plaçons tout différemment que nous le voyons nous-mêmes. Il n'y a que la pensée, c'est-à-dire, le vrai *à priori*, qui arrive net et le même pour tout le monde. Je n'estime donc aucunement les œuvres à grands mots qui n'effleurent que mes sens, parce qu'il n'y a dans ces mots que du creux, du vague, c'est tout au plus s'ils réveillent en moi le sentiment que j'ai des choses qu'ils nomment, et que je ne voudrais point mêler aux misères qu'ils mettent en contact avec elles.

Pour peu qu'on soit éclairé par le principe sacré du dévouement, on reste affligé et épouvanté des paroles au

moins creuses et ridicules, quand elles ne sont pas dangereuses et immorales, que jettent imprudemment à la foule
les écrivains sans science, sans principe, dans les écrits
desquels percent surtout le doute et le désespoir, sous les
fausses apparences d'une croyance quelconque.

Pourtant, en voyant employé par quelques-uns le mot
amour, si grand par lui-même, dont on abuse et qui révèle
tant de biens et de promesses généreuses, tant d'activité et
de gloire, j'avais quelquefois espéré voir à sa suite et comme
pour en expliquer la puissance, une prédication, sinon d'une
grande portée littéraire, du moins empreinte d'espérance et
de charité. J'avais vu se dresser devant moi, comme symboles
de l'amour de Dieu, le travail, le courage, le sacrifice,
toutes les vertus enfin, que les œuvres de ces écrivains de-
vaient me montrer dans le génie de la prière, et la prière
pour moi, soit avec l'autorité de l'église catholique, soit
en dehors de cette autorité, mais toujours avec le principe
chrétien, c'est l'action, c'est tout effort qui enseigne le bien
et y conduit. Hélas ! je n'ai vu que l'aveu le plus complet
de l'impuissance, la stérilité la plus absolue et l'absence
la plus manifeste de toute idée généreuse, de tout enseignement. Quelques-uns ont été jusqu'à dire que le christianisme a créé des hommes de doute, d'inquiétude et de
dégoût ; oh ! non ! ce n'est pas le christianisme qui a créé
des hommes d'inquiétude et de dégoût, c'est bien plutôt la
fausse application que vous avez faite de sa doctrine, im-
prudents, qui croyez légitimer par ce mensonge le scepticisme
qui domine votre âme, quoi que vous fassiez pour vous le
dissimuler à vous-mêmes. Le christianisme a créé au con-

traire des hommes de courage, des hommes d'espérance, de foi, de dévouement ; les martyrs, le moyen âge et ses monuments, sont là qui se dressent dans l'histoire pour l'attester. Les révolutions, l'affranchissement moral des peuples, leur émancipation toujours croissante en sont les preuves éloquentes ; il y a au moins inconséquence à calomnier le christianisme.

Et combien n'est-il pas dangereux d'abuser des mots dont on ne sent pas la portée, ni le sens dans lequel ont dû les dire les docteurs dont on vient ensuite tronquer le style et présenter isolément quelques phrases mal traduites ! Voilà des gens qui accusent avec une sorte d'orgueil qu'ils sont hommes de dégoût, d'inquiétude et de passion, et qui attribuent l'état maladif de leur âme au christianisme ! cela certes est plus désolant mille fois que toutes les sorties les plus indécentes de l'école voltairienne. Jésus-Christ, l'apôtre du sacrifice, n'a jamais prêché l'inquiétude et le dégoût, ces lâches précurseurs du doute et du désespoir ; sa doctrine flétrit les œuvres des artistes qui calomnient par ignorance ou autrement ses admirables préceptes d'abnégation de soi-même. Or, le doute, l'inquiétude, le désespoir ne peuvent être dévoués ; il n'y a d'abnégation que dans le courage ; il n'y en a pas dans le désespoir qui nie l'activité et le progrès, et qu'on le sache bien, c'est le progrès moral que nous voulons dire.

Lorsque M. de Lamartine, il y a quinze ans, faisait dire à son *poëte mourant*, en réponse à cette question : *mais pourquoi chantais-tu ?* des paroles si harmonieuses et pourtant si égoïstes , pensait - il nous faire regretter son Orphée qui , se mettant au niveau de l'animal, du simple instinct où même des éléments , disait :

> Demande à Philomèle,
> Pourquoi durant la nuit sa douce voix se mêle
> Au murmure des eaux , sous l'ombrage roulant :

le sait-il ?... eh! le sais-je plus que lui ? je chantais.....

> Je chantais , mes amis, comme l'homme respire ,
> Comme l'oiseau gémit , comme le vent soupire ,
> Comme l'eau murmure en coulant ;

c'est-à-dire fatalement , sans liberté et sans but. Doctrine funeste du fatalisme, qui a donné naissance à *Josselyn* et à tant d'œuvres marquées au coin de l'égoïsme ; mais il est vrai et cela est heureux, bien pauvres de forme à côté de ce langage de si puissante séduction de l'auteur des *Médi- tations*.

Mais à quoi sert d'écrire pour écrire , et à quelle estime prétend et a droit l'œuvre de quiconque agit aveuglément et sans but. Arrière ceux qui disent : ce que l'homme qui s'occupe d'art doit ambitionner, c'est l'éloge et la critique, c'est-à-dire, la satisfaction de l'amour propre avant tout. Arrière! ils ne sont pas chrétiens ; à ceux-là, le talent fait défaut, car ils ne sont point inspirés ; quant à ceux qui ont le talent et qui l'emploient mal, ils en devront compte à Dieu, et il sera beaucoup demandé à ceux à qui il aura été beaucoup donné.

Il y a des panthéistes qui se disent chrétiens et qui croient l'être ; ils s'annoncent comme des apôtres inspirés , ils s'écrient que la nature est un beau livre de prières , que chanter l'amour de Dieu , c'est puiser à la véritable source de la poésie ; mais comment la nature sera-t-elle pour eux un livre de prières , et qu'est-ce pour eux que la prière ? Verront-ils dans la nature le tableau de l'activité divine , manifestée par ses œuvres, l'enseignement du bon , du juste uni au beau ? la prière sera-t-elle une prédication puissante, l'action qui dira aux hommes par les faits : unissez vos efforts, travaillez, comme Dieu , circulairement et toujours ? Le cœur humain, l'analyseront-ils ; feront-ils voir les passions aux prises avec les vertus , et le libre arbitre , maître de triompher ? Les faibles seront-ils conviés à unir leurs moyens pour devenir puissants contre les injustices des forts, qui les exploitent au profit de leurs appétits personnels ? L'amour de Dieu sera-ce le sacrifice, le dévouement, l'abnégation de soi-même, la charité prêchée par l'exemple ? La terre, sera-ce le lieu privilégié, choisi par Dieu pour être le grand atelier de la fonction et de l'activité humaine ? Et le ciel ! le ciel que l'on mêle partout dans les promesses mystiques , sera - ce le but atteint , la carrière parcourue, le fait accompli, la solution du problème , le triomphe enfin de l'ouvrier savant et courageux ? Non ! ces artistes auront tout simplement vu, comme ils le disent eux-mêmes, dans l'amour de Dieu, dans le cœur humain, des rêves, des loisirs, de l'ivresse : rien de plus. Aussi terminent-ils par ces paroles désolantes :

L'homme est un Dieu tombé qui se souvient des cieux ;

j'ai chanté pour moi, ou pour rien, ou encore pour dire :
la terre, c'est l'exil ; conclusion qui satisfait au moins les
égoïstes, car elle nie le dévouement, le libre arbitre, tous
les pouvoirs de l'âme. En effet, qu'est - ce qu'un exilé ?
c'est une sorte de prisonnier, quelque grande que soit
sa prison ; et qu'attend - on du prisonnier, de l'esclave ?
a-t-il une volonté, un libre arbitre ? non ! il est nul, stérile
comme un paria, et la nullité, l'impuissance, le néant,
voilà le lot, la condition que nous assignent les artistes qui,
de près ou de loin, suivent l'école des ajusteurs de mots
sonores ; l'école des poëtes personnels.

Ce qu'on a dit des artistes qui prostituent leur talent aux
appétits grossiers de la multitude, en leur jetant en pâture
des *Antony* et des *Tour-de-Nesle*, est applicable à ceux qui
s'adulent dans des méditations sur le bonheur individuel,
et qui, sous le prétexte d'une extase religieuse, enseignent
la contemplation égoïste, sans s'inquiéter de la solidarité
qui pèse sur l'humanité en raison des œuvres de chacun.
Quand il a pouvoir, celui qui ne fait pas le bien fait le mal ;
l'artiste égoïste est placé sur l'échelle de l'immoralité,
comme l'artiste qui flétrit autour de lui par de méchantes
œuvres ; il n'y a de différence à leur égard que dans les
degrés qu'ils occupent respectivement plus ou moins près
de l'échelon de l'immoralité et de la destruction, et chacun
a le droit de s'écrier, en leur demandant compte de leurs
œuvres : je vous dis que tous les hommes souffrent des
fautes de chacun ; que les fautes de chacun sont des ob-
stacles qui s'opposent à l'accomplissement de l'œuvre en
vue de laquelle Dieu a créé l'humanité, et que les hommes

étant les membres de cette humanité sont tous solidaires les
uns des autres ; vous êtes cause de nos misères !

Que venez-vous donc faire au milieu des tourments
Qui demandent des bras, du cœur, des dévoûments ?
Pareils à ces brulots que la terreur dévance,
Et qui frappent de mort tout, jusqu'à l'espérance,
Ou tel, le désespoir, fantôme de la nuit,
Qui livre une âme entière à l'effroi qui le suit,
Venez-vous dessécher d'un souffle qui dévore,
Le peu de probité que les cœurs ont encore ?
Songez-y, quelque jour, la fange des cités,
Porterait son odeur jusqu'aux cieux irrités ;
Alors, ne viendraient pas, diligentes armées,
Des corps d'anges vengeurs aux armes enflammées,
Comme au temps de Gomhorre avec des hurlements,
Eclairer l'univers par des embrâsements,
En vouant à la mort des nations entières,
Ensevelir l'erreur sous de chaudes poussières,
Pour pardonner peut-être à ces hommes séduits,
Les crimes que chez eux le doute avait produits ;
Non ! la vengeance alors serait dure et profonde,
Car le Christ est venu pour enseigner le monde ;
Il a dit comment l'âme avec le dévoûment,
Avait, de droit acquis, sa place au firmament,
Comment l'amour montait sur un char de victoire,
Dans l'immortalité voir Dieu brillant de gloire,
Mais il a dit aussi que l'immoralité,
Ferait damnation pendant l'éternité.

ACTE DE FOI.

*In judicium ego in hunc mundum veni,
ut qui non vident videant.*

———

Si j'interroge mon âme
Dans un saint recueillement,
L'esprit divin de sa flamme
Remplit mon entendement ;
La plus brillante lumière
S'anime sous ma paupière,
Une étoile est dans mes yeux ;
Je vois l'homme dans sa gloire,
Je sais aimer, je sais croire,
Je me sens ravir aux cieux.

Quelle ineffable harmonie
Règne alors autour de moi !
C'est la sagesse infinie
Qui m'inspire : je suis Roi !
L'avenir est la couronne
Que mon extase me donne
Pour signe de majesté ;
Mon domaine est la science,
Mon trône, l'intelligence,
Et mon temps, l'éternité.

Mais souvent, ainsi qu'un songe,
S'enfuit ma félicité ;
L'impuissance me replonge
Dans un vide sans clarté ;
Mon extase m'abandonne,
Mon front n'a plus de couronne :
Le néant peut contenir
Mon cœur attendri, mes larmes,
Ma poésie et ses charmes
Et mon trône d'avenir.

Oh ! j'aimerai toujours ces généreux prophètes,
Ces apôtres de Dieu qui pensent tout par lui,
Ces hommes-dévoûment, comptant leurs jours de fêtes
Par le bien qu'ils font pour autrui.

Oh ! j'aimerai toujours ces fils de l'harmonie,
Dont la voix prend aux cieux ses inspirations,
Ces hommes spontanés, qui font de leur génie
Le bienfaiteur des nations.

O Christ et vous, penseurs, artistes et poëtes,
Qui vîntes de par Dieu nous parler de bonheur,
Vous n'avez point caché d'égoïstes conquêtes
    Dans les replis de votre cœur.

C'était d'humanité que rêvaient, dans leur gloire,
Votre âme, enfant du ciel, et votre amour de feu;
Vos bienfaits sont écrits au livre de l'histoire,
    Votre parole ! c'était Dieu !....

Pour remplir les devoirs d'une haute fortune,
Noble enfant, pour élu si Dieu m'eût adopté,
    Que le ciel ne m'eût pas jeté
Comme il jette, au milieu de la foule commune,
L'homme faible, égaré dans l'humaine cité,
Sans titre, pour jouir de l'amour de ce monde,
Que celui d'être fils de la terre féconde
    Et membre de l'humanité;

Si Dieu ne m'eût point fait atôme sans génie,
Rejeton presque nul, sans valeur et sans poids,
Ma fertile existence, oh ! je l'aurais bénie,
Et par mon dévoûment j'aurais vécu cent fois;
Car alors j'aurais pu formuler sans contrainte
La sympathique foi dont mon âme est empreinte
    Et dont je sens toute l'immensité;
        Ma voix, avec autorité,
Eût dominé la foule où je l'aurais produite;
    La foule ! il faut l'avoir séduite,
    Pour la sauver de l'incrédulité.

Ainsi pensa le Christ : je légue ma mémoire
    A ceux, dit-il, qui n'ont point encor foi ;
Ma parole est si pure, et si haute est ma gloire,
Qu'un holocauste immense est un devoir pour moi ;
Je vous donne ma vie, ô vérité sacrée !
Demeure de mon père, où je serai demain.
Puis monta vers le ciel, avec l'âme éthérée,
        Le sacrifice surhumain.

    Nous aimons tant le séduisant délire
De la vie, où pourtant, passagers d'un matin,
Nous venons et partons du jour au lendemain,
        Que des hommes ont dû se dire :
Mais un tel dévoûment est fait pour étonner !
Certe il est convaincu du bienfait qui l'inspire,
        Celui qui meurt pour le donner.
Et ce principe alors, amour et sacrifice,
S'est produit sur la terre où Christ l'a répandu ;
Dieu ne pouvait mentir : j'ai foi dans la justice
        Dont sa vie a bien répondu.

    Et je crois : oui, je crois que l'homme sur la terre,
Quand il est mieux placé que la foule vulgaire,
Qu'il s'élève au-dessus par l'éclat de son rang,
        Par la fortune ou par le sang,
Doit au profit de tous son existence entière :
Car s'il n'a dans le cœur de fervente prière
Que pour se rapporter le fruit de sa grandeur,
Cet homme, aux yeux de Dieu, n'est plus rien qu'un r
Et son nom devrait être, avec une devise,
Sur un poteau cloué, pour que chacun y lise :
Cet ingrat qui reçut puissance et liberté
        Est un traître à l'humanité.

Je ne demande pas l'impossible à produire,
Et ne pensez jamais que je veuille détruire
Aux choses d'ici-bas, quoi que l'on puisse dire,
D'honorables attachements ;
Il est des vérités qu'il ne faut point écrire
De peur d'en profaner les sacrés fondements,
Et l'amour dont chacun doit compte à ses enfants,
Quand il est pur d'égoïsme et d'envie,
Est un de ceux qui tiennent à la vie
Comme Dieu tient au ciel, comme y tient le bonheur,
Comme est le sang à notre cœur,
Comme à notre cerveau pressée
S'attache, forte, la pensée,
Comme la terre enfin tient à l'immensité,
Et notre âme à l'éternité.

Mais aimer ses enfants avec idolâtrie,
Et laisser sans soutien l'orphelin qui nous prie,
Etre riche en fortune, en talent, en renom,
Et rendre nuls son or, son talent et son nom ;
Pouvoir marcher debout et se traîner à terre ;
Posséder pour jouir, égoïste vulgaire,
Sans amour pur et généreux,
O malheur ! c'est ramper comme rampe un reptile,
C'est avoir l'âme basse et vile,
C'est être comme lui perfide et dangereux.

Malheur donc à celui qu'un pouvoir adorable
Aurait pu faire apôtre et qui dément les cieux !
Malheur à qui pourrait se rendre secourable
Et qui passe en fermant les yeux !

Car l'homme tout puissant, artiste, prince ou prêtre,
Qui n'est pas tout ce qu'il doit être,
Dont le pouvoir avorte et ne rapporte pas
Ce que la multitude en attend ici-bas ;
Qui n'est pas tout entier à la grande famille
Et renie ainsi Dieu dont son âme était fille,
Je le répète encor : cet homme est criminel,
Et l'avenir lui garde un supplice éternel.

Écoutez, écoutez : un homme s'égoïse
Alors qu'il est puissant et n'a pas pour devise :
Mon devoir c'est le dévoûment !
Pourquoi donc, en effet, viendrait-il sur la terre
Mieux organisé que son frère,
Si ce n'était comme instrument
D'une volonté tutélaire ?
Chaque chose ici-bas doit servir en son lieu,
Et le pouvoir qu'il a c'est un ordre de Dieu.

Ce principe sacré, mon âme le respire,
J'en sens toute la profondeur :
Cependant j'ai de la douleur,
Car je sens l'impuissance où je suis de le dire
Aussi fortement qu'il m'inspire
Et qu'il met de foi dans mon cœur.

LE PRESBYTÈRE ET L'ÉCOLE.

Vox populi vox Dei.

Que j'aime à voir le chaume paternel
Dont le patron, chéri de l'Eternel,
Heureux vieillard, sous un sarreau de bure,
Est un bon prêtre à la voix noble et pure.
Dans ce lieu saint, où règne la candeur,
J'écoute en paix une douce morale :
Combien de fois la leçon pastorale
M'a fait sortir d'une injuste tiédeur !
Un nouveau jour éclaire mon génie ;
Je n'entends plus ces prêches criminels,
Du zèle faux mensonges solennels :
Je vois de Dieu la clémence infinie ;

Et dans mon âme, ivre d'un chaste amour,
A ses grandeurs je rêve tout le jour !

Que j'aime aussi la paisible demeure
Du clerc laïc, qui travaille à toute heure ;
Soit qu'à l'église il serve son curé,
Soit qu'à l'école, intelligent et sage,
Docte et modeste et partout honoré,
Assidûment, à l'enfant du village,
Il montre à lire au testament sacré !
Bons citoyens, vénérables apôtres,
Ils sont remplis les jours qui sont les vôtres !
Le dévoûment est la loi de vos cœurs ;
De l'avenir, que le Seigneur contemple,
Comme sa main votre vie est le temple.
Par vos leçons vous épurez les mœurs.
Anges du ciel, Dieu vous a, sur la terre,
Tous deux placés, afin que son tonnerre,
Lancé du trône où les cieux sont construits,
Epargne ceux que vous aurez instruits !

J'ai bien des fois, dans mes courses fréquentes,
Vers la montagne et dans les vallons frais,
Au souvenir de ces voix éloquentes,
De notre époque admiré les progrès :
Ils ne sont plus ces jours où l'ignorance
Du paysan éternisait l'ennui :
J'ai vu son cœur s'ouvrir à l'espérance,
Et l'avenir se révéler à lui.
Le peuple est grand, dit-il avec l'histoire,
Et le troupeau de ses enfants joyeux,

Dès le bas âge enrichit sa mémoire
De tous les noms de nos derniers aïeux.
Le peuple est grand, il est libre, il est maître,
Il peut marcher, et son destin est beau ;
L'intelligence est la loi du bien-être,
Quand le savoir lui prête son flambeau.
Soyez bénie ! ô vous, douce parole !
Qui répétez saintement à l'école :
« Nous sommes nés dans un même milieu,
» Et les humains sont tous enfans de Dieu ! »
Donc à la tâche, oh ! travaillez, mes frères,
C'est un beau droit ; courage ! instruisez-vous ;
Que nos efforts soient larges et sincères
Et le passé sera moins grand que nous.

Le prêtre dit : nos pères des vieux âges
Etaient pourtant bien pieux et bien forts :
Leurs monuments atteignaient les nuages ;
Voyez ces tours et ces hauts contre-forts
Qu'ont dû heurter tant de violents efforts,
Les eaux, le temps, les nuits accumulées.
Puissance et grâce avec art calculées
Attestent bien leur génie et leur foi !
Levez la tête un instant avec moi,
Puis admirez l'élan de ces portiques :
C'était d'ici que les pieux cantiques
Montaient aux cieux par le dôme ébranlé ;
La voix de Dieu dans ce temple a parlé ;
Sous les lambris de ces voûtes austères,
A vos aïeux Dieu montra ses mystères
Qu'ils célébraient dans des chants, tour-à-tour
Remplis de foi, d'espérance et d'amour !

Si vous quittez ce modeste village ,
Qui fut jadis un rendez-vous chrétien ,
Vous pourrez voir, œuvres du nouvel âge ,
Des monuments où le cœur n'apprend rien.
Vous salûrez de neuves basiliques
Qu'ornent partout les festons d'un faux or ;
Mais revenez vers ces restes gothiques
Où Jésus-Christ est en personne encor ;
Où, de sa croix la divine puissance
A deux genoux, plein d'un amour immense ,
Dans les transports d'un zèle généreux ,
Faisait tomber le pécheur bienheureux ;
Oui , bienheureux de sentir dans son âme
Sainte ferveur et croyance de flamme ,
Qui terminaient ses secrètes douleurs ,
Le ravissaient et lui trouvaient des pleurs.
Oui, vous verrez des monuments sans gloire
En marbres faux représenter l'orgueil (1) ,
Mais, comme lui, sans laisser de mémoire ,
Ils crouleront contre le moindre écueil.
Mille ans jamais n'étendront sur leurs voiles
Ce gris magique , éloquent à nos yeux ;
Leurs dômes plats sont trop loin des étoiles ;
Leurs bas clochers n'atteignent pas les cieux.
O des chrétiens adorable chapelle ,
O mon portail , et ma flèche en dentelle ,
O mes vitraux, mes versets du saint lieu ,
OEuvres de l'âme , en vous respire un Dieu !

(1) A l'église de Notre-Dame de Lorette à Paris, on peut voir des modillons
en peinture qui représentent des marbres.

Ainsi les arts se mêlant à l'histoire
Vont instruisant le paysan surpris ;
L'instituteur enseigne que la gloire
C'est le travail par le peuple entrepris.
Le prêtre dit que la foi dans notre âme
Agrandira les champs de l'avenir.
Le peuple entend et sa raison s'enflamme,
Car l'enseigner c'est encor le bénir.

SCÈNE D'UN DRAME.

(Un bal chez le Comte.)

DE FULGENTIE.   CLÉMENTINE.
M. DELAMARRE.   Mme DELAMARRE.
EUGÈNE.   DE SAINT-VICTOR.

Puis

LE COMTE DE TORVILLIERS.
M. DE CASTAIGNAC.
Plusieurs invités, etc.

CLÉMENTINE.

A moi, des galanteries M. le vicomte !

DE FULGENTIE.

On est d'avis de s'en rapporter à votre opinion : chacun
sait que vous êtes juge compétente en cette matière.

DE SAINT-VICTOR.

Admirable ! jamais on n'a exécuté un morceau difficile avec plus d'âme que mademoiselle.

EUGÈNE.

C'est vrai.

DE FULGENTIE.

Ainsi que faut-il que nous pensions de notre virtuose de ce soir ?

CLÉMENTINE.

Puisque vous le voulez, je dirai ma pensée : ce jeune homme a de la méthode, mais on nous l'avait donné pour un artiste et je crains...

DELAMARRE.

Le jugement, quoique sévère, est juste.

DE FULGENTIE.

Mademoiselle n'émet qu'un doute.

CLÉMENTINE.

Certainement...

EUGÈNE.

Quand on appartient à une mauvaise école...

DE SAINT-VICTOR.

A quelle école ?

EUGÈNE.

Oh ! celle du siècle, ne cherchez pas plus loin.

DE FULGENTIE.

Avec ce mot on croit avoir tout défini : le siècle ! eh ! Messieurs, le siècle en vaut un autre.

EUGÈNE.

Est-il possible, de bonne foi, qu'à une époque où l'on n'a de conviction pour rien, on puisse faire des arts ?

DE FULGENTIE.

Mais, Monsieur, notre temps est fécond, plus qu'aucun autre, en talents distingués ; on ne compta jamais tant d'hommes remarquables.

EUGÈNE.

Oui, des talents de second ordre, j'en conviens ; mais des artistes, de ces hommes qui reçoivent à l'âme la pensée pure pour la communiquer aux autres, de ces hommes inspirés, non par la spéculation sur les vices et les passions les plus honteuses de leurs contemporains, mais par un vœu d'en haut, par l'amour d'être utile aux générations qui se succèdent, pouvez-vous en citer un seul ?... non !

DELAMARRE.

Et vous attribuez cette disette d'artistes ?...

EUGÈNE.

A ce qu'une mauvaise organisation sociale étend partout son influence, et qu'il n'est point de branche d'administration, point de profession qui ne souffre de l'égoïsme qui caractérise les gouvernements de l'époque.

DELAMARRE.

C'est juste.

DE FULGENTIE.

Au premier coup-d'œil peut-être.

EUGÈNE.

Voulez-vous que nous passions les arts en revue ?

MADAME DELAMARRE.

Nous prendrons des sièges.

(On approche des sièges.)

EUGÈNE.

Voyons : l'architecture d'abord, comme l'art au succès duquel doivent concourir tous les autres et qui les domine par conséquent...

DE FULGENTIE.

Eh bien ?

EUGÈNE.

Eh bien ! comme il n'y a de conviction pour aucune grande et noble idée, que peuvent faire les architectes ?

un boudoir pour la concubine d'un agent de change ou d'un notaire , une maison à loyers pour un propriétaire ignorant ou cupide, une prison pour les écrivains et les débiteurs, d'où les victimes sortent démoralisés pour le bon plaisir d'une loi draconienne ou d'un usurier : sont-ce là des sujets inspirateurs? l'architecte qui fait le boudoir mé- -prise l'idole : son œuvre pourra-t-elle être l'œuvre d'une haute pensée? ce sera de la matière comme le temple de Vénus , comme tous les temples grecs.

DELAMARRE.

Les autres arts, qui n'exigent pas des frais d'argent aussi considérables , sont encouragés : la peinture par exemple?

DE FULGENTIE.

C'est vrai : on vient encore de distribuer plusieurs croix.

EUGÈNE.

Disons, de les jeter, et ce sont les plus alertes qui les ont ramassées. Quelle preuve plus manifeste veut-on de l'absence d'une pensée sociale, généreuse, inspiratrice, que cette foule de portraits dont le dernier salon était encombré? Eh! qu'importe à l'humanité, à l'amélioration des mœurs, au progrès des institutions, la face plus ou moins colorée, plus ou moins fade de tel banquier, la physionomie plus ou moins nulle ou coquette de telle ou telle bourgeoise ? Vous voulez faire des portraits, messieurs les peintres? eh bien! soit : faites-nous alors certains procureurs généraux, certains députés , certains jurés d'une époque désastreuse ; vous laisserez à l'étude des générations et à l'histoire les types de la barbarie et de la trahison. Après, et pour opposition , pour exemple , faites-nous le tableau des mourants de juillet qui criaient , étendus sur le champ de bataille, vive la multitude ! vive la liberté ! Vous aurez peint les types du beau et du dévouement :.... mais des individus , des nullités pour une chambre à coucher, pour un boudoir , pour un salon d'appartement.... arrière ! Messieurs , croyez-le.

DE SAINT-VICTOR.

C'est pourtant un bien d'avoir les portraits des membres de sa famille , le sien même ; on entretient ainsi le souvenir de ceux à qui l'on est redevable de sa fortune , de ses talents, de son bonheur ; on se donne ainsi pour toujours à ceux qui nous doivent de la reconnaissance : je me suis fait peindre déjà de vingt manières. Les sculpteurs sont là pour les statues et les monuments publics.

EUGÈNE.

Les sculpteurs !... font des statues sur des types grecs.

DE FULGENTIE.

Et les Grecs sont à dédaigner ?

CLÉMENTINE.

Les œuvres grecques n'étaient , je crois , que des symboles de la matière : c'est de sentiment que notre époque a besoin, et non pas de matérialisme.

DELAMARRE.

La musique, dont on devait parler d'abord, est précisément le seul art dont on ne parle pas ?

DE SAINT-VICTOR.

Monsieur estime sans doute qu'elle en est au même point que les autres ?

EUGÈNE.

La musique ! on l'enseigne comme on la comprend ; et comme on la comprend mal...

DE FULGENTIE.

Allons donc !

EUGÈNE.

Faut-il le dire hautement ? honte à ces hommes à grands talents qui, ne considérant que le mécanisme, le métier et non l'art, mais l'argent qu'il rapporte, inspirent à leurs élèves si peu de besoin d'élever leur âme qu'ils laissent au conservatoire les jeunes choristes broder des morceaux de tapis au milieu des répétitions d'un *Christ aux olives* ou de quelqu'autre chef-d'œuvre.

DE FULGENTIE.

Critiquez, Monsieur, critiquez ;... rien de plus.

EUGÈNE.

Ce n'est point une calomnie.

DELAMARRE.

Je l'ai vu.

CLÉMENTINE.

Je l'ai vu.

EUGÈNE.

Ah ! celui qui composait le *stabat mater*, le *salutaris hostia*, et tout le peuple qui les chantaient, alors que les voussures de Notre-Dame étaient neuves encore, ne brodaient pas des tapis au lieu d'élever leur âme. Mais, je le répète, ils étaient artistes, et le virtuose de ce soir, puisqu'on parle de lui, songeait plus à son amour propre et au bénéfice de la soirée, qu'il ne pensait au sublime morceau qu'il exécutait mal.

DELAMARRE.

Il n'y a que la littérature qui se sauve un peu à travers tout cela.

EUGÈNE.

Si l'on veut.

DE FULGENTIE.

Je m'y attendais : Monsieur remplit ici le rôle du misantrope.

EUGÈNE.

Que voulez-vous que je pense de ces écrivains qui font secte à part pour s'admirer et prôner leur manière, uniquement parce que c'est leur manière, et non parce qu'elle peut être profitable.

(Le Comte de Torvilliers et M. de Castaignac entrent et se mêlent parmi
les acteurs sans être aperçus par eux.)

LE COMTE continuant.

(Tous lui font place et il revient sur le devant de la scène.)

De ceux plus égoïstes encore qui, tout gonflés d'un mince
savoir, tremblent qu'on n'exploite ce qu'ils appellent leur
spontanéité, et de peur qu'on ne s'empare de leurs idées,
trouvent dangereuses les réunions littéraires et s'écartent
de la foule. Malheureux! misérables! qui ne comprennent
pas que toutes les puissances spirituelles des hommes ne
doivent avoir qu'un même but et qu'elles doivent y tendre
sans réserve; que l'individu n'est rien par lui-même; que
la multitude seule est quelque chose et qu'il faut se hâter
de publier à haute et intelligible voix l'idée qui nous naît
à l'âme ou au cerveau, dans la crainte que demain, dans
une heure, de suite, la mort qui surprend l'homme n'en
prive à jamais l'humanité.

EUGÈNE.

Mieux vaut pour eux mille fois une soirée ministérielle,
où toute l'aristocratie littéraire vient imiter l'aristocratie
d'argent et des parvenus, en faisant assaut de flagorneries
et de salutations ridicules, sans échanger une seule idée
généreuse.

LE COMTE.

Et ce n'est pas pitié, ce n'est pas égoïsme!

DE FULGENTIE.

Égoïsme est un mot qui s'use à force d'être mis partout.

LE COMTE.

Espérons qu'il sera effacé un jour du langage., Monsieur : jusque-là, amour de soi, tout pour soi, voilà ce que nous voyons. Que veut un auteur? qu'on le connaisse , qu'on le nomme hautement, qu'on s'intéresse à ses succès, à sa gloire, à son individu.

DE FULGENTIE.

Parce qu'il est naturel qu'un homme, après avoir long-temps travaillé., veuille jouir de son travail et se fasse au moins honorer.

LE COMTE.

Eh ! morbleu, les artistes des époques organiques , de ces grandes époques où leurs travaux avaient un but généreux et utile, pensaient-ils à leur individu ? Cherchez sur les monuments de ces temps reculés un seul des noms de leurs auteurs : vous n'en trouverez pas ; pourquoi ? c'est que ces hommes inspirés agissaient au nom et en vue de tous ; leur personnalité leur semblait trop petite pour qu'ils songeassent à l'inscrire sur une œuvre dont la pensée avait d'abord en vue Dieu et l'humanité : aujourd'hui les auteurs signent et s'annoncent, parce que, dans leurs œuvres, il n'y a point de pensée , point de sacrifice : c'est leur être tout nu , c'est leur incarnation.

DE FULGENTIE.

C'est pousser bien loin l'amertume.

LE COMTE.

(Il prend un volume.)

Ouvrez ce livre, Monsieur; il est nouveau, c'est le fra-
gment d'une autre Babel, ce sont des illustres qui l'ont
fait, comptez : ils sont plus de cent pour ce chef-d'œuvre
(il ouvre le livre) ; tenez, c'est un homme à grande vogue
qui tombe sous mes yeux, lisez ce qu'il dit : j'ai vingt-
sept ans ou j'en ai trente... ma maîtresse est jolie, c'est
un ange aux yeux bleus... j'entends avec amour le bruis-
sement de sa robe divine... sa blanche robe de satin...
moi, je compose des vers pendant que mon ange lit Victor
Hugo, Lamartine ou Byron... ma naissance est picarde
ou normande comme celle de Corneille... ma lampe inspiratrice veille avec moi jusqu'à demain matin... je me suis
peint dans tel rôle... ma maîtresse est le type de tel autre
rôle... je suis Chatterton, Antony... eh ! bon Dieu ! grand
Dieu ! que font au public ces sottises ? il souffre de cet indigne emploi du temps. Que lui importe que vos amis soient
MM. Jouy, Taylor, Delavigne ou Nodier, que vous fassiez
visite à Rachel ou à Firmin, à Mars ou à Locroy, que vos
cheveux soient chatain-foncé ou blond-clair, plats ou crépus ?
Oui, arrière, haro ! car tout cela est indigne des besoins de
l'époque, comme en sont indignes tant de saletés dramatiques
qui prostituent nos théâtres et en font autant de mauvais lieux,
mais soyez écrivain utile, prenez pour amis la multitude, ses
intérêts, son avenir ; ils vous donneront du génie comme

à Béranger, comme à Rouget de Lille, comme au peuple de juillet, comme à ceux des grandes révolutions, comme aux Polonais écrasés ; alors on s'intéressera à cette noble amitié, et sans que vous prôniez votre nom, vingt auteurs, cent mille auteurs feront comme vous : ils écraseront l'égoïsme, et, à défaut d'une pensée généreuse, ils ne diront pas dans leurs livres : femmes, potentats, fortune : à genoux, me voilà (1) !...

DE FULGENTIE.

Les dévoués sont rares.

LE COMTE.

Oui, Monsieur, très-rares.

DE FULGENTIE.

Je sais pourtant telles notabilités qui sacrifient parents, amis, pour soutenir ce qu'ils appellent un principe.

EUGÈNE.

Ce sont d'honorables exceptions.

----

(1) Alexandre Dumas, qui, dans la préface en vers d'Antony, a déclaré qu'il ne croyait point à son âme (a), a pris pour épigraphe cette phrase de lord Byron : *Ils ont dit que j'étais Childe Harold, que m'importe !* On peut voir du même auteur, dans le livre des *Cent et Un,* un écrit qui justifie la sortie virulente du comte.

(a) Voilà le vers :

Et mon âme, si j'y croyais !

DE FULGENTIE.

Même quand ce principe n'est qu'une erreur ou une feinte conviction, une hypocrisie politique qui, bien haut annoncée, paraît sublime et n'est rien que du cynisme ou de l'ingratitude? On parlait tout à l'heure des anciens Grecs, on leur donnait la matière pour type : eh bien! ces matérialistes pourtant avaient décrété l'opprobre et la rigueur des lois pour quiconque serait ingrat. Aujourd'hui, tel homme pourra être mauvais père, mauvais fils, parent indigne, un parti populaire le fera député!

LE COMTE.

Non, Monsieur; non : le peuple n'a jamais aimé l'indignité, l'ingratitude envers les siens. La populace même a son instinct de sentiment, elle a plus d'amour, plus de respect filial que beaucoup de vos notables du jour; mais ne nous écartons pas du principe : le peuple de toutes les classes le comprend, il sait que l'égoïsme de famille est un fléau qui tue.

CLÉMENTINE.

Un homme, honorablement convaincu, doit toujours préférer la haine mal entendue ou intéressée des siens à la haine méritée de la multitude.

EUGÈNE.

Mais c'est incontestable!....

DE FULGENTIE.

Fort bien, Monsieur! alors entrez dans une famille noble et estimable, ne soyez qu'un roturier jusqu'à ce moment, que votre mariage vous donne fortune et dignités, le titre de comte par exemple; puis, quand vous serez haut placé, ne soyez plus de l'opinion politique de votre famille; que l'ingratitude et l'oubli vous viennent au cœur, perdez, par une catastrophe, votre épouse, devenez son héritier par le hasard ou par l'intrigue, faites qu'on ignore votre crime, allez chercher dans le parti de votre nouvelle opinion un autre avenir, une autre épouse, dites que c'est l'intérêt du peuple qui le veut, prêchez partout les vertus d'éclat, laissez la honte, les larmes à votre famille, devenez homme public, député de l'opposition, et vous serez un héros de principe!.... malheur!

LE COMTE.

Mais....

DE SAINT-VICTOR.

C'est un petit *Richard d'Arlington* que vous nous faites-là.

LE COMTE.

Non, Monsieur, non : le *Richard d'Arlington* abandonna le peuple; et c'est en le quittant qu'il perdit sa vertu.

DE FULGENTIE.

Eh bien! Monsieur, nous verrons à-l'essai ;.... et si...

DE CASTAIGNAC.

Oh ! mais c'est assez , Messieurs ; nous avons encore quelques heures à donner au bal, laissons pour un autre temps les beaux arts et la politique ; ces dames, loin de trouver ici du délassement, trouveraient de l'ennui.

DE SAINT-VICTOR.

C'est vrai : (à Madame Delamarre, en lui présentant la main) madame...

DELAMARRE.

(Bas au Comte.)

A qui donc en a le vicomte ?

LE COMTE.

A lui-même, je crois !

(Sortie.)